LISA NIESCHLAG · LARS WENTRUP

Grüße
aus meiner
KÜCHE

FOTOGRAFIEN von
JULIA CAWLEY und LISA NIESCHLAG

Hölker Verlag

INHALT

Süß

11 Granatapfel-Himbeer-Thymian-Marmelade

12 Mandel-Kokos-Butter

14 Schoko-Mandel-Creme

19 Glückskekse

20 Spitzen-Kekse

22 Makrönchen

25 Marmeladenstangen

26 Blaubeer-Haferflocken-Muffins

29 Himbeer-Brownies

30 Mandeltarte

34 Marzipan-Aprikosen-Küchlein

36 Blaubeertartes

39 Geflochtene Hefekränze

40 Mini-Möhren-Gugelhupf

42 Trüffelpralinen

45 Pistazien-Marzipan-Kugeln

46 Kalte-Schnauze-Happen

48 Espresso-Mandeln

51 Weiße Schoko-Crossies

54 Dunkle Schoko-Crossies

56 Schoko-Rum-Karamellbonbons

59 Schoko-Löffel

60 Cranberry-Duo-Schokolade

60 Pistazien-Duo-Schokolade

63 Fruchtige Müsliriegel

65 Limonen-Himbeer-Sauce

69 Whisky-Karamell-Sauce

70 Erdbeer-Zitronen-Bowle

Salzig

75 Scharfe Maissuppe

76 Rucola-Pesto

79 Pink Pesto

81 Eingelegter Ziegenkäse

84 Zwiebel-Chutney

86 Süßkartoffel-Hummus

89 BBQ-Sauce

91 Basilikum-Knoblauch-Öl

92 Gewürzmischung

94 Oliven-Rosmarin-Brot

97 Käsestangen mit Sesam und Bier

98 Bärlauchbutter

101 Bacon-Parmesan-Popcorn

Do it Yourself

103 Kopiervorlagen

109 Gläser sterilisieren

109 Register

VON HERZEN

... soll man schenken. Gar nicht so einfach? Stimmt. Es sei denn,
die Präsente kommen aus der eigenen Küche und wurden mit
Liebe selbst gemacht.

Wir haben allerhand Rezepte für süße und salzige Mitbringsel
entwickelt, passende Etiketten für den jeweiligen Anlass gestaltet
sowie Ideen gesammelt, wie sich die kleinen Aufmerksamkeiten
charmant und mit wenig Aufwand verpacken lassen. Verwendet haben
wir dabei viele Utensilien aus dem Haushalt, die sich bestimmt auch
in euren Schränken und Schubladen verstecken. Macht anderen
eine Freude! Wir wünschen euch viel Spaß dabei.

Herzlichst, Lisa und Lars

Lisa sucht immer nach neuen Ideen und begeistert als leidenschaftliche Köchin.

Julia ist zur fotografischen Unterstützung extra aus New York angereist.

GEMEINSAM *kreativ* ...

Von Lars stammen
die liebevollen
Illustrationen und
gemeinsam mit
Lisa hat er dieses
Buch gestaltet.

Granatapfel-Himbeer-Thymian *Marmelade*

---

ergibt 2 Gläser à 250 ml

---

1 großer Granatapfel
(ausgelöst etwa 350 g Fruchtfleisch)
275 g Himbeeren
(TK oder frisch)
Saft von ½ Zitrone
50 ml Ahornsirup
75 g Gelierzucker 2:1
einige Stängel Thymian

Eine große Schüssel mit Wasser füllen. Den Granatapfel halbieren und in die Schüssel mit Wasser geben. Unter Wasser die Hälften in kleinere Stücke brechen und die Kerne auslösen. Die weiße Membran entfernen, das Wasser abgießen und die Kerne in einen Topf geben. Himbeeren, Zitronensaft und Ahornsirup dazugeben, aufkochen und 25–30 Minuten köcheln lassen.

Den Gelierzucker hinzufügen und kurz aufkochen lassen, die Thymianblätter unterrühren. Sofort in zwei sterilisierte Marmeladengläser füllen und verschließen. Die Gläser auf den Kopf stellen und abkühlen lassen.

Gläser
sterilisieren
Seite 109

Mandel-Kokos-Butter

ergibt 250 ml

30 g KOKOSFLOCKEN

⅓ *TL* GROBES MEERSALZ

215 g GANZE MANDELN

Die Mandeln in einer Pfanne ohne Öl bei mittlerer Hitze rösten, dabei mehrmals schwenken. Zusammen mit den Kokosflocken und dem Meersalz mit einem Handmixer oder in einem Standmixer auf höchster Stufe pürieren. Nach etwa 10 Minuten wird daraus eine klumpige Butter. Wenn ihr es cremiger mögt, einfach noch etwas länger mixen. Die Mandel-Kokos-Butter in sterilisierte Gläser füllen und luftdicht verschließen.

Gläser
sterilisieren
Seite 109

SCHOKO MANDEL CREME

ergibt 1 Glas à 250 ml

125 g gehackte Mandeln KURZ IN EINER PFANNE BEI GERINGER HITZE RÖSTEN.

IN EINEN STAND-MIXER GEBEN UND SO LANGE MIXEN, BIS DIE MANDELN FEIN GEMAHLEN SIND.

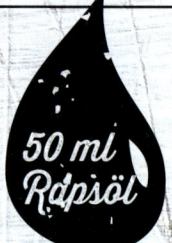

50 ml Rapsöl

ZUFÜGEN UND AUF MITTLERER STUFE VERRÜHREN.

65 g Puderzucker, 30 g ungesüßtes Kakaopulver UND **½ TL Vanille-Extrakt** ZUGEBEN UND ORDENTLICH VERMENGEN.

IN EIN STERILI-SIERTES GLAS FÜLLEN UND KALT STELLEN.

ETWA

ZWEI WOCHEN

GEKÜHLT HALTBAR.

Guten Morgen

Gläser
sterilisieren
Seite 109

15

SO GEHT´S

Tipp

Kleine Spielzeug-Tierfiguren mit
Buntlack oder Acrylfarbe anmalen
und trocknen lassen. Den Deckel eines
Vorratsglases ebenfalls anmalen und
trocknen lassen. Mit Heißkleber
ein Tier auf den Deckel
kleben. Fertig!

Glücks *kekse*

SO GEHT´S

Verpackungstipp

Eine hübsche Tüte ist immer ein Hingucker und aus Geschenkpapier ganz leicht nachzubasteln. Als Vorlage eignen sich Butterbrotbeutel. Wer mag, kann sie auch fertig kaufen, z. B. online bei www.schoenhaberei.de

ergibt etwa 30 Stück

125 g Butter
115 g Zucker
1 Ei
125 g Mehl
125 g Zartbitterschokolade
200 g grobe Haferflocken

Den Backofen auf 175 °C vorheizen. Die Butter mit dem Zucker schaumig schlagen, Ei dazugeben und das Mehl untermischen. Die Schokolade grob hacken. Zusammen mit den Haferflocken unter den Teig mischen.

Ein Backblech mit Backpapier auslegen. Aus dem Teig etwa 30 Kugeln formen, auf das Blech setzen, etwas andrücken und auf der mittleren Schiene etwa 15 Minuten backen.

Spitzen-Kekse

ergibt 8–10 Stück

125 g kalte Butter
65 g Puderzucker
1 Ei
1 Prise Salz
250 g Mehl
etwas Mehl für die Arbeitsfläche

1 Eigelb
etwas Milch

Butter, Puderzucker, Ei und Salz mit den Knethaken des Handrührgerätes vermengen. Das Mehl nach und nach dazugeben, bis ein krümeliger Teig entsteht. Mit den Händen zu einer glatten Kugel formen. Für 30 Minuten in den Kühlschrank legen.

Den Ofen auf 180 °C vorheizen. Den Teig portionsweise auf einer bemehlten Arbeitsfläche ausrollen, die Spitzendeckchen darauflegen und leicht andrücken. Mit einem scharfen Messer die Form ausschneiden und auf ein mit Backpapier belegtes Blech legen. Die Spitze nochmals leicht andrücken und vorsichtig abnehmen. Das Eigelb verquirlen, einen Schuss Milch dazugeben und die Kekse vorsichtig damit bepinseln. In den Ofen schieben und 10–12 Minuten backen.

Makrönchen

ergibt 18 Stück

1 Eiweiß
100 g gemahlene Mandeln
75 g Puderzucker
½ TL Bittermandel-Extrakt

Den Backofen auf 175 °C vorheizen. Das Eiweiß mit den Quirlen des Handrührgerätes steif schlagen. Mandeln mit Puderzucker mischen und das Eiweiß behutsam unterheben. Bittermandel-Extrakt dazugeben und verrühren.

Mit einem Teelöffel kleine Teigklekse auf ein mit Backpapier ausgelegtes Blech setzen und mit den Fingern eine Spitze formen. Die Makrönchen in den Ofen schieben und 12 Minuten backen.

Süße
Sache

Marmeladen
STANGEN

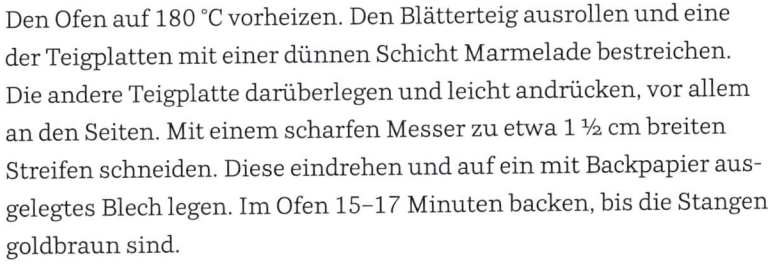

ergibt etwa 30 Stangen

2 Rollen Blätterteig
(aus dem Kühlregal, je 270 g)
Brombeer- oder Heidelbeer-
marmelade

Den Ofen auf 180 °C vorheizen. Den Blätterteig ausrollen und eine
der Teigplatten mit einer dünnen Schicht Marmelade bestreichen.
Die andere Teigplatte darüberlegen und leicht andrücken, vor allem
an den Seiten. Mit einem scharfen Messer zu etwa 1 ½ cm breiten
Streifen schneiden. Diese eindrehen und auf ein mit Backpapier ausgelegtes Blech legen. Im Ofen 15–17 Minuten backen, bis die Stangen
goldbraun sind.

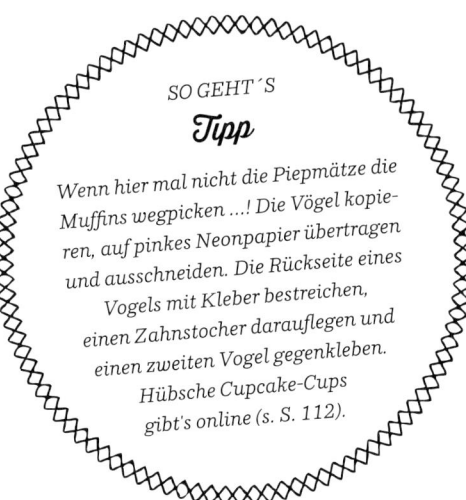

SO GEHT'S
Tipp

Wenn hier mal nicht die Piepmätze die Muffins wegpicken …! Die Vögel kopieren, auf pinkes Neonpapier übertragen und ausschneiden. Die Rückseite eines Vogels mit Kleber bestreichen, einen Zahnstocher darauflegen und einen zweiten Vogel gegenkleben. Hübsche Cupcake-Cups gibt's online (s. S. 112).

BLAUBEER
Haferflocken
MUFFINS

ergibt 10 Stück

2 Eier
100 g Zucker
1 Pck. Vanillezucker
1 Prise Salz
50 ml Rapsöl
50 ml Milch
100 g Haferflocken
30 g Mehl
30 g Speisestärke
2 TL Backpulver
100 g Blaubeeren

Den Backofen auf 175 °C vorheizen. Eier, Zucker, Vanillezucker und Salz mit den Quirlen eines Handrührgerätes einige Minuten schaumig schlagen. Unter Rühren das Öl und die Milch zugießen, bis alles vermengt ist. Zwei Esslöffel Haferflocken beiseitestellen. In einer zweiten Schüssel das Mehl mit der Stärke, dem Backpulver und den restlichen Haferflocken vermischen, nach und nach zur flüssigen Masse geben und vermengen.

Blaubeeren waschen, trocken tupfen und vorsichtig unter den Teig heben. Papierförmchen in ein Muffinblech setzen, zu zwei Dritteln mit Teig füllen und mit den übrigen Haferflocken bestreuen. Im Ofen etwa 15 Minuten backen, bis sie goldgelb sind.

Nach dem Abkühlen die Muffins in Cupcake-Cups setzen und mit den Vögeln verzieren.

Kopiervorlage
Vögel
Seite 103

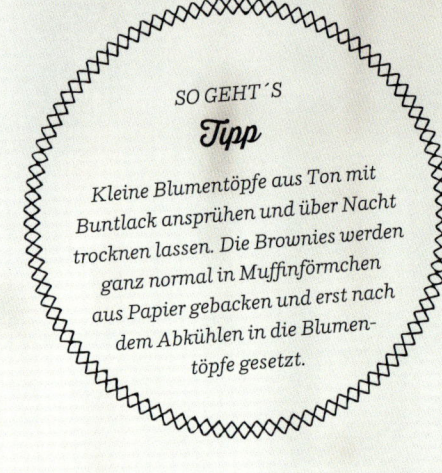

SO GEHT´S

Tipp

Kleine Blumentöpfe aus Ton mit Buntlack ansprühen und über Nacht trocknen lassen. Die Brownies werden ganz normal in Muffinförmchen aus Papier gebacken und erst nach dem Abkühlen in die Blumentöpfe gesetzt.

Danke

HIMBEER-BROWNIES

ergibt 6 Stück

85 g Zartbitterschokolade
100 g Butter
115 g Zucker
2 Eier
85 g Mehl
1 TL Backpulver
2 EL Kakaopulver
1 Prise Salz
100 g Himbeeren
(TK oder frisch)

etwas Puderzucker
zum Bestäuben

Den Backofen auf 180 °C vorheizen. Die Schokolade grob hacken, mit der Butter in einen Topf geben und bei geringer Hitze beides zum Schmelzen bringen. Den Zucker und anschließend die Eier zugeben und alles gründlich verrühren. In einer Schüssel das Mehl mit Backpulver, Kakaopulver und Salz mischen und langsam unter die geschmolzene Schokolade rühren, bis ein glatter Teig entsteht.

Sechs Muffinförmchen mit dem Teig füllen und die Himbeeren darauf verteilen. Wenn man Tiefkühl-Himbeeren verwendet, diese gefroren auf den Teig geben. Die Brownies in den Ofen schieben und etwa 25 Minuten backen. Nach Belieben mit Puderzucker bestäuben.

Mandel*tarte*

ergibt 1 Tarte (ø 22 cm)

150 ml zerlassene Butter
200 g Zucker
2 Eier
200 g Mehl
1 Prise Salz
½ TL Bittermandel-Extrakt
25 g Mandelblättchen
1 EL Zucker

Den Backofen auf 175 °C vorheizen
und eine Tarteform einfetten. Butter und
Zucker mit den Quirlen eines Handrührers
schaumig schlagen. Eier zufügen und verrühren. Mehl, Salz und Bittermandel-Extrakt
gründlich untermengen. Den Teig in die Form
gießen, zuerst mit den Mandelblättchen und
anschließend mit dem Zucker bestreuen.
30–40 Minuten backen.

SO GEHT´S

Verpackungstipp

Klebepunkte aus dem Schreibwaren-
bedarf von beiden Seiten auf eine
weiße Schnur kleben. Um eine Schach-
tel wickeln, mit Etikett und farblich
abgestimmter Feder dekorieren und
gefüllt mit kleinen Küchlein an
Lieblingsmenschen verschenken!

Für
Marlene

MARZIPAN-APRIKOSEN *Küchlein*

ergibt 6 Stück

150 g getrocknete Aprikosen (GESCHWEFELT ODER UNGESCHWEFELT) GROB HACKEN, IN EINE SCHALE GEBEN UND MIT **75 ml Rum** ÜBERGIESSEN.

MIT FRISCHHALTE-FOLIE ABDECKEN UND ÜBER NACHT IN DEN KÜHLSCHRANK STELLEN.

DEN BACKOFEN AUF
150°C
VORHEIZEN.

50 g Butter UND **50 g Zucker** MIT DEN QUIRLEN DES HANDRÜHRERS SCHAUMIG SCHLAGEN. **1 Ei** HINZUFÜGEN UND VERMENGEN. **25 g gemahlene Mandeln** UND **75 g Mehl** MISCHEN UND EBENFALLS EINRÜHREN.

125 g Marzipan KLEIN SCHNEIDEN UND MIT DEN RUMFRÜCHTEN UNTER DEN TEIG HEBEN.

MEHRERE KLEINE FÖRMCHEN (ZUM BEISPIEL AUS SILIKON) MIT DEM TEIG FÜLLEN UND FÜR
35-40 MINUTEN
IN DEN BACKOFEN SCHIEBEN.

BLAUBEER-TARTES

ergibt 3 Stück (à ø 12 cm)

60 g Butter
40 g Zucker
125 g Mehl
etwas Zitronenabrieb
1 Prise Salz
1 Ei

200 g Vanille-Vla
(Vanillepudding aus dem Kühlregal)
200 g Naturjoghurt *(10 % Fett)*
1 Pck. Vanillezucker
200 g Blaubeeren

etwas Puderzucker
zum Bestäuben

Butter und Zucker mit den Knethaken des Handrührers vermengen. Mehl, Zitronenschale und Salz hinzufügen und verrühren. Das Ei zugeben und mit den Händen zu einem glatten Teig kneten. In Frischhaltefolie einschlagen und 1 Stunde kalt stellen.

Den Backofen auf 175 °C vorheizen und die Tarteförmchen mit etwas Butter einfetten. Den Teig in drei Portionen teilen und mit den Fingerspitzen in die Förmchen drücken. Backpapier darauflegen und mit getrockneten Hülsenfrüchten (z. B. Bohnen oder Kichererbsen) beschweren. In den Ofen schieben und 15 Minuten blindbacken, bis der Teig goldgelb wird. Die Tartes herausnehmen und abkühlen lassen.

Vanille-Vla mit Joghurt und Vanillezucker verrühren. Die Blaubeeren waschen und trocken tupfen. Die Creme auf den Tartes verteilen und die Blaubeeren daraufsetzen. Mit Puderzucker bestäuben.

Geflochtene Hefekränze

ergibt 4 Stück

200 ml lauwarme Milch
1 Würfel Hefe
75 g Zucker
500 g Mehl
75 g zimmerwarme Butter
1 Pck. Vanillezucker
2 Eier
1 Prise Salz

1 Eigelb
etwas Hagelzucker
zum Bestreuen

In einer Schüssel die lauwarme Milch mit der Hefe, dem Zucker und zwei Esslöffeln Mehl verrühren. An einem warmen Ort abgedeckt ruhen lassen, bis der Teig Blasen wirft. Butter, Vanillezucker, Eier und Salz zu der Hefe-Milch geben und verrühren. Das Mehl nach und nach zugeben und mit den Knethaken des Handrührers zu einem glatten Teig verarbeiten. Mit Frischhaltefolie abdecken und 45 Minuten an einem warmen Ort gehen lassen, bis sich das Volumen verdoppelt hat.

Den Teig nochmals kräftig durchkneten und in vier gleich große Portionen teilen. Jede Portion dritteln und auf einer bemehlten Arbeitsfläche zu etwa 20 cm langen Rollen formen. Anschließend flechten und zu Kränzen zusammenlegen. Diese auf einem mit Backpapier ausgelegten Blech weitere 10 Minuten abgedeckt ruhen lassen. Währenddessen den Backofen auf 180 °C vorheizen.

Das Eigelb verquirlen und die Kränze damit bestreichen. Mit Hagelzucker bestreuen und etwa 25 Minuten goldgelb backen.

Mini-Möhren Gugelhupf

ergibt etwa 35 Stück

175 g Möhren
115 g Zucker
½ Pck. Vanillezucker
125 ml Speiseöl
2 Eier
1 Prise Salz
125 g Mehl
1 TL Backpulver
100 g gemahlene Mandeln

Den Backofen auf 180 °C vorheizen. Die Möhren schälen, fein raspeln und in eine Schüssel geben. Zucker, Vanillezucker, Öl, Eier und Salz zugeben und verrühren. In einer zweiten Schüssel Mehl mit Backpulver und Mandeln vermengen. Nach und nach die Mehlmischung zu den Möhren geben und gut verrühren.

Die Vertiefung einer Mini-Gugelhupf-form mit Butter einfetten, Teig einfüllen und in den Ofen schieben. 12–15 Minuten backen, bis die Gugelhupfe goldgelb sind.

SO GEHT´S

Verpackungstipp

Die Pralinen in Klarsichtbeutel füllen
und diese mit Tesafilm zukleben.
Tortenspitze falten und über
die Beutel legen. Mittig ein Loch
stanzen und mit einer Schleife
zusammenbinden.

Trüffelpralinen

---

ergibt 15–20 Stück

---

115 g Zartbitterschokolade
100 g Vollmilchschokolade
200 ml Sahne
2 EL Butter

4 EL ungesüßtes Kakaopulver

Schokolade grob hacken und in eine hitzebeständige
Schüssel füllen. Sahne in einen Topf geben und mit der
Butter kurz aufkochen lassen. Vom Herd nehmen und
über die Schokolade gießen, sodass diese schmilzt.
Ordentlich verrühren, bis eine glänzende Creme entsteht.
Für 30 Minuten in den Gefrierschrank stellen.

Mit einem kleinen Löffel etwas Masse abnehmen und
zwischen den Händen zu Kugeln formen. Auf ein mit
Backpapier ausgelegtes Blech legen und für 15 Minuten
ins Gefrierfach stellen. Anschließend die Pralinen in
Kakaopulver wälzen.

PISTAZIEN-MARZIPAN Kugeln

200 g Mehl
75 g Zucker
½ TL Zimt
1 Prise Salz
85 g Butter
1 Ei

50 g Pistazienkerne
400 g Marzipan

1 Eigelb
1 EL Milch

Für den Teig Mehl, Zucker, Zimt und Salz vermengen. Die Butter und das Ei hinzufügen und mit den Händen zu einem glatten Teig verkneten. In Folie wickeln und 1 ½ Stunden kalt stellen.

Einen Esslöffel Pistazienkerne beiseitestellen. Die restlichen Kerne im Blitzhacker fein mahlen. Das Marzipan mit den gehackten Pistazien verkneten. Aus der Masse etwa 32 haselnussgroße Kugeln formen.

Den Backofen auf 175 °C vorheizen. Den Teig auf einer bemehlten Arbeitsfläche etwa 0,3 cm dick ausrollen. Mit einem runden Ausstecher (etwa ø 10 cm) Kreise ausstechen. Jeweils eine Marzipankugel daraufsetzen und den Teig umschlagen. Zwischen den Handflächen zu Kugeln formen. Auf ein mit Backpapier ausgelegtes Blech legen, das Eigelb mit der Milch verquirlen und die Kugeln damit bepinseln. Die beiseitegestellten Pistazienkerne grob hacken und darüberstreuen. Im Backofen etwa 25 Minuten backen, bis die Kugeln goldgelb sind.

KALTE-SCHNAUZE
Happen

---

ergibt etwa 50 Stück

---

500 g Zartbitterschokolade
300 ml Sahne
4 EL Zucker
125 g Butterkekse

Schokolade grob hacken und in eine hitzebeständige Schüssel füllen. Sahne in einem Topf auf mittlerer Hitze unter Rühren erwärmen, über die Schokolade geben, kurz warten und dann zu einer homogenen Creme verrühren.

Eine rechteckige Auflaufform (ca. 18 x 28 cm) mit Frischhaltefolie auslegen. Auf dem Boden ein Viertel der Schokoladenmasse verstreichen, anschließend ein Drittel der Butterkekse darauf verteilen. Kekse und Schokolade abwechselnd aufschichten, mit Schokolade abschließen.

Die Form mit Frischhaltefolie abdecken und über Nacht in den Kühlschrank stellen. Am nächsten Tag mit einem scharfen Messer zu kleinen Quadraten schneiden und diese vorsichtig herausheben. Auf einer Etagere anrichten und so lange in den Kühlschrank stellen, bis die Kalte-Schnauze-Happen verschenkt werden.

SO GEHT´S

Verpackungstipp

Worin ließen sich diese Mandeln besser verschenken als in feinen Espressotassen? Wer mag, legt noch eine Packung hochwertiger Bohnen dazu. So macht man Kaffeefreunde glücklich!

ESPRESSO-MANDELN

50 g Zucker

1 EL lösliches Espressopulver

¼ TL Zimt

2 Prisen Salz

1 Eiweiß

200 g Mandeln

Den Backofen auf 150 °C vorheizen und ein Backblech mit Backpapier auslegen. Zucker, Espressopulver, Zimt und Salz in einer kleinen Schüssel verrühren. Das Eiweiß in einer anderen Schüssel mit einem Rührbesen schaumig schlagen. Die trockenen Zutaten hinzufügen und alles vermengen. Die Mandeln dazugeben, gut verrühren und auf dem Backblech verteilen. Anschließend 5 Minuten im Ofen backen. Die Mandeln wenden und so lange weiterbacken, bis sie trocken sind und Farbe annehmen. Auskühlen lassen und in Gläser oder Tassen füllen. Wer sie nicht sofort verschenkt, sollte sie zunächst luftdicht aufbewahren.

Weiße
SCHOKO-CROSSIES

ergibt etwa 16 Stück

200 g weiße Kuvertüre
100 g gehackte Mandeln
100 g Cornflakes

Zwei Backbleche mit Backpapier auslegen. Kuvertüre grob hacken und im heißen Wasserbad langsam bei nicht zu hoher Temperatur schmelzen. Etwas abkühlen lassen. Die gehackten Mandeln in einer Pfanne ohne Fett auf mittlerer Hitze rösten, bis sie goldbraun sind und duften. Mandeln und Cornflakes unter die flüssige Kuvertüre heben und alles vermischen.

Ein rundes Ausstechförmchen (etwa ø 6 cm) auf das Blech legen. Etwas von der Mischung dort hineinfüllen, andrücken und das Förmchen vorsichtig hochheben. Mit der restlichen Mischung genauso verfahren. 3–4 Stunden auf den Blechen trocknen lassen oder in den Kühlschrank stellen. Wer mag, kann die Crossis jetzt noch mit einer zweiten Schicht Schokolade überziehen. Anschließend die Schoko-Crossies vom Backpapier lösen. Trocken und kühl in gut verschließbaren Keksdosen aufbewahren.

1.

2.

3.

SO GEHT´S
Gabel-Pompons

1. Wolle um die Gabel legen, eine
Schlaufe machen und festknoten.
2. Nun die restliche Wolle darumwickeln
und anschließend das Ende mehrfach
durch die mittleren Zinken ziehen.
Stark festzurren und verknoten.
3. Mit einer Schere an beiden
Seiten aufschneiden und
zurechtzupfen.

4.

Dunkle Schoko-Crossies

ergibt etwa 60 Stück

200 g dunkle Kuvertüre
25 g getrocknete Cranberries
100 g gehackte Mandeln
75 g Cornflakes
25 g weiße Schokolade

Zwei Backbleche mit Backpapier auslegen. Kuvertüre grob hacken und über dem heißen Wasserbad langsam bei nicht zu hoher Temperatur schmelzen. Etwas abkühlen lassen. Cranberries und Mandeln getrennt voneinander klein hacken. Die Mandeln in einer Pfanne ohne Fett bei mittlerer Hitze rösten, bis sie goldbraun sind. Mandeln, Cranberries und Cornflakes mischen und die flüssige Kuvertüre darübergießen.

Mithilfe von zwei Teelöffeln kleine Häufchen auf die Bleche setzen. Weiße Schokolade darüber raspeln. 3–4 Stunden auf den Blechen trocknen lassen oder in den Kühlschrank stellen. Anschließend die Schoko-Crossies vom Backpapier lösen. Trocken und kühl in gut verschließbaren Keksdosen aufbewahren.

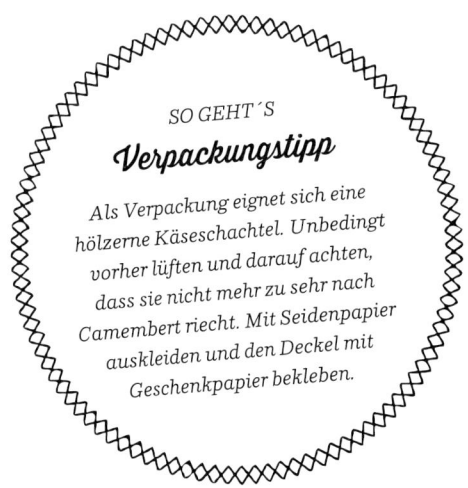

SO GEHT´S

Verpackungstipp

Als Verpackung eignet sich eine hölzerne Käseschachtel. Unbedingt vorher lüften und darauf achten, dass sie nicht mehr zu sehr nach Camembert riecht. Mit Seidenpapier auskleiden und den Deckel mit Geschenkpapier bekleben.

SCHOKO-RUM
Karamellbonbons

für etwa 45 Stück

225 g Zucker
65 g Butter
25 ml Schlagsahne
2 EL Rum
1 EL Kakaopulver

Eine kleine rechteckige Auflaufform mit etwas Öl auspinseln und mit Backpapier auslegen. Den Zucker in
einen Topf geben und bei mittlerer Hitze unter ständigem
Rühren schmelzen lassen, bis keine Klümpchen mehr zu
sehen sind und er eine goldene Farbe angenommen hat.
Den Topf vom Herd nehmen, sofort Butter, Schlagsahne
und Rum dazugeben und alles kräftig verrühren. Auf
niedrigster Stufe wieder auf den Herd stellen, dann das
Kakaopulver unterrühren. Den Karamell sofort in die
Form füllen und abkühlen lassen.

Karamell mit dem Backpapier aus der Form heben und
in kleine Rechtecke schneiden. Die Bonbons in Butterbrot-
papier oder eine beschichtete Folie einwickeln und luftdicht verschlossen aufbewahren.

Schoko-Löffel

für heiße Schokolade

für etwa 10 Löffel

100 g Zartbitterschokolade
50 g weiße Schokolade

*Schokostreusel, Pistazien
oder bunte Zuckerperlen zum
Dekorieren*

Die weiße und die dunkle Schokolade in jeweils einen Topf geben
und über einem Wasserbad zum Schmelzen bringen. Die Löffel mit
ihren Stielen so auf einen Teller legen, dass die Löffelschale eben ist.
Die geschmolzene Schokolade einfüllen und etwas abkühlen lassen.
Anschließend mit Schokostreuseln, Pistazien oder Zuckerperlen
dekorieren.

CRANBERRY
Duo-Schokolade

150 g Vollmilchschokolade
25 g getrocknete Cranberries
100 g Zartbitterschokolade

Eine flache Backform mit Backpapier auslegen. Die Vollmilchschokolade über einem Wasserbad zum Schmelzen bringen, in die Backform gießen, glatt streichen und für 15–20 Minuten kalt stellen, bis sie fest wird. Die Cranberries grob hacken. Die Zartbitterschokolade ebenfalls über dem Wasserbad schmelzen, kurz abkühlen lassen, anschließend auf die Vollmilchschokolade gießen und ebenfalls glatt streichen. Die Cranberries darauf verteilen. In den Kühlschrank stellen, bis die Schokolade komplett erkaltet ist.

Pistazien
DUO-SCHOKOLADE

Eine flache Backform mit Backpapier auslegen. Die Zartbitterschokolade über einem Wasserbad zum Schmelzen bringen, in die Backform gießen, glatt streichen und für 15–20 Minuten in den Kühlschrank stellen, bis sie fest wird. Die Pistazienkerne grob hacken. Die weiße Schokolade ebenfalls über dem Wasserbad schmelzen, kurz abkühlen lassen, dann auf die Schicht Zartbitterschokolade gießen und ebenfalls glatt streichen. Mit Pistazien und Salz bestreuen und erneut kalt stellen.

150 g Zartbitterschokolade
25 g Pistazienkerne
100 g weiße Schokolade
½ TL grobes Meersalz

Fruchtige Müsliriegel

ergibt 6–8 Stück

250 g Haferflocken
75 g gehackte Mandeln
3 EL Leinsamen
85 g getrocknete Kirschen
30 g getrocknete Aprikosen
250 ml Kondensmilch
5 EL Honig

Den Backofen auf 150 °C vorheizen. Haferflocken, Mandeln und Leinsamen in einer Schüssel vermengen. Kirschen und Aprikosen klein hacken und dazugeben. Die Kondensmilch mit dem Honig verrühren, über die trockenen Zutaten geben und gut vermischen, bis diese die Flüssigkeit aufgenommen haben. Den Boden einer Backform mit Backpapier auslegen. Die Masse hineingeben, verstreichen und festdrücken. Hilfreich kann dabei ein kleines Schneidebrett aus Kunststoff sein, mit dem man die Masse gleichmäßig komprimieren kann. In den Ofen schieben und etwa 45 Minuten backen, bis die Oberfläche goldbraun ist.

Aus dem Ofen nehmen und abkühlen lassen. Erst dann mit einem scharfen Messer zu Riegeln schneiden.

LIMONEN
HIMBEER
Sauce

VON:

Anna

LIMONEN-HIMBEER Sauce

ergibt etwa 450 ml

400 g Himbeeren *(TK oder frisch)*
Saft von 2 Limetten
5 EL Puderzucker

Himbeeren, Limettensaft und Puderzucker in einen Topf geben und auf mittlerer Hitze kurz aufkochen lassen. Topf vom Herd nehmen und die Himbeeren pürieren. In sterilisierte Flaschen füllen und mit einem Etikett versehen. Schmeckt kalt superlecker zu Joghurt oder warm über Vanilleeis.

Im Kühlschrank 1 Woche haltbar.

Kopiervorlage
Etikett
Seite 108

Gläser
sterilisieren
Seite 109

WHISKY
KARAMELL
Sauce

von:
Claus

Kopiervorlage
Etikett
Seite 108

ergibt 1 Flasche à 250 ml

200 g Zucker
175 ml Schlagsahne
1 EL Butter
2 EL Whisky

Whisky-Karamell
Sauce

Den Zucker in einen Topf geben und auf mittlerer Hitze unter ständigem Rühren schmelzen lassen, bis der Karamell dunkelgold ist und keine Klümpchen mehr zu sehen sind. Den Topf vom Herd nehmen und vorsichtig die Sahne unterrühren. Den Topf zurück auf den Herd stellen und bei kleinster Temperatur so lange rühren, bis der Karamell wieder flüssig ist. Butter und Whisky hinzufügen, gut vermengen und in eine sterilisierte Flasche füllen. Vor dem Verzehr die Sauce auf Zimmertemperatur erwärmen, um sie z. B. über Eis zu gießen.

Gläser
sterilisieren
Seite 109

ERDBEER-ZITRONEN *Bowle*

ergibt etwa 2 l

2 unbehandelte Zitronen
1 Apfel
125 g Erdbeeren
200 ml weißer Rum
750 ml Weißwein
750 ml Zitronenlimonade
einige Eiswürfel

Zitronen heiß abspülen und in dünne Scheiben schneiden.
Den Apfel schälen, vom Kerngeäuse befreien und in kleine Stücke
schneiden. Erdbeeren waschen und halbieren, ggf. vierteln. Die Früch-
te in ein Gefäß geben, Rum und Wein zugießen und 4–5 Stunden
kalt stellen. Kurz vor dem Verschenken mit Limonade auffüllen,
Eiswürfel dazugeben und in Vorratsgläser füllen.

Für Marie

SO GEHT´S
Verpackungstipp

Die Croûtons können wunderbar in kleinen Glasröhrchen verschenkt werden. Im Supermarkt werden beispielsweise Vanilleschoten in solchen verkauft. Sind diese verbraucht, einfach Croûtons einfüllen, Stöpsel drauf und am Glas befestigen!

Scharfe Maissuppe *mit Sternchen-Croûtons*

---

ergibt 600 ml

---

1 kleine Schalotte
1 El Olivenöl
1 Dose Mais *(Abtropfgewicht 285 g)*
100 ml Gemüsebrühe
½ Chilischote
200 ml Sahne

¼ Rolle Blätterteig
(aus dem Kühlregal)

Die Schalotte schälen und in Ringe schneiden. Olivenöl in einem Topf erhitzen und die Schalotte darin glasig dünsten. Den Mais zugeben und die Gemüsebrühe angießen. Die Chilischote halbieren, die Samen entfernen, die Schote in Ringe schneiden und in den Topf geben. Aufkochen lassen. Die Sahne hinzufügen und die Suppe mit einem Pürierstab fein pürieren.

Backofen auf 175 °C vorheizen. Für die Croûtons mit einem kleinen Keksausstecher Sterne aus dem Blätterteig stechen. Auf ein mit Backpapier belegtes Blech legen und im Ofen backen, bis die Sterne goldgelb sind.

Rucola
Pesto

ergibt ein Glas à 500 ml

75 g Rucola
½ Bund Petersilie
1 Knoblauchzehe
70 g Pinienkerne
100 ml Olivenöl
2 EL Zitronensaft
50 g Parmesan
Salz
Pfeffer

Rucola waschen und trocken tupfen.
Die Petersilie von den Stielen befreien.
Knoblauch schälen. Rucola, Petersilie,
Knoblauch und Pinienkerne in die
Küchenmaschine geben und zerklei-
nern. Olivenöl und Zitronensaft zugießen und fein pürieren. Parmesan reiben
und unterrühren. Mit Salz und Pfeffer
abschmecken, anschließend in sterilisierte Gläser füllen.

Gekühlt bis zu 1 Woche haltbar.

Gläser
sterilisieren
Seite 109

PINK
PESTO

ergibt ein Glas à 250 ml

2 Bund Radieschen
50 g gehackte Mandeln
80 ml Olivenöl
1 Handvoll Himbeeren
2 TL Zitronensaft
Salz
Pfeffer

Gläser
sterilisieren
Seite 109

Die Radieschen schälen und die Schalen in eine kleine Schüssel mit Wasser geben. Die Mandeln in einer Pfanne bei niedriger Hitze und ohne Fett goldbraun rösten, dann abkühlen lassen. Die Radieschenschalen abgießen und mit den gerösteten Mandeln, dem Öl und den Himbeeren in eine hohe Rührschüssel geben. Mit dem Stabmixer pürieren, bis die Masse cremig ist. Das Pesto mit Zitronensaft, Salz und Pfeffer würzen, nochmals alles durchmixen und abschmecken. Anschließend in sterilisierte Gläser füllen.

Gekühlt bis zu 1 Woche haltbar.

Gläser
sterilisieren
Seite 109

Eingelegter
ZIEGEN-
KÄSE

---

ergibt 3 Gläser à 375 ml

---

6 Zweige Thymian
9 Ziegenfrischkäsetaler (je 40 g)
6 Lorbeerblätter
3 grüne Chilischoten
300 ml Olivenöl

Thymian waschen und trocken tupfen. Ziegenkäse mit Thymian
und Lorbeerblättern in sterlisierte Einmachgläser geben. Chilischoten
längs halbieren und auf die Gläser verteilen. Den Käse
komplett mit Öl bedecken. Gut verschließen und mindestens 1 Woche
im Kühlschrank ziehen lassen. Gekühlt etwa 3 Wochen haltbar.

Gläser-Dippen

Man braucht:
sterilisierte Gläser (s. Seite 109) und
Acryllack auf Wasserbasis.
1. Gläser in den Lack eintauchen (die Dose
sollte dabei nicht ganz voll sein, da die Farbe
sonst überläuft). 2. Das Glas langsam aus der
Farbe heben und kurz abtropfen lassen.
3. Umdrehen, damit sich Tropfnasen
bilden. 4. Auf Zeitungspapier über
Nacht trocknen lassen.

4.

Zwiebel
Chutney

ergibt 1 Glas à 450 ml

400 g rote Zwiebeln
1 Stück frischer Ingwer
(etwa 15 g)
1 getrocknete Chilischote
150 g Zucker
175 ml Essig
1 TL Senfkörner
Salz

Zwiebeln und Ingwer schälen und beides fein hacken. Chilischote von Samen befreien und klein schneiden. Zucker in einem Topf schmelzen und goldbraun karamellisieren lassen.

Zwiebeln, Ingwer und Chili zum Karamell geben. Essig und 100 ml Wasser zugießen. Gut verrühren, bis sich der Karamell gelöst hat. Senfkörner dazugeben und alles etwa 15 Minuten bei mittlerer Hitze einkochen lassen.

Chutney mit Salz abschmecken und noch heiß in ein sterilisiertes Glas füllen.

Gläser
sterilisieren
Seite 109

SO GEHT´S

Verpackungstipp

Auf Flohmärkten oder in Trödelläden findet man oft alte Einmachgläser mit interessanten Verschlüssen. Vor der Verwendung auf jeden Fall sterilisieren! Das Rezept lässt sich auf einem klein gefalteten Zettel gleich mitverschenken. Diesen einfach an den Bügel klemmen.

Süßkartoffel HUMMUS

1 mittelgroße Süßkartoffel

1 Dose weiße Bohnen

(Abtropfgewicht 250 g)

2 TL Tahini (Sesampaste)

2 TL Olivenöl

1 Knoblauchzehe

Saft von ½ Zitrone

½ TL Paprikapulver

¼ TL Zimt

einige Koriandersamen

1 Prise Muskatnuss

Salz

Pfeffer

Die Süßkartoffel schälen, in Stücke schneiden und in einen kleinen Topf geben. Mit Wasser bedecken und in etwa 10 Minuten weich kochen. Das Wasser abgießen und die Süßkartoffelstücke in einen Standmixer geben. Die Bohnen abgießen, abtropfen lassen und zufügen. Tahini, Olivenöl, Knoblauch, Zitronensaft, Paprikapulver, Zimt, Koriandersamen und Muskatnuss ebenfalls zugeben und alles auf höchster Stufe pürieren. Mit Salz und Pfeffer abschmecken. In sterilisierte Gläser füllen und mit etwas Olivenöl beträufeln.

Im Kühlschrank ist das Hummus etwa 3 Tage haltbar.

Gläser
sterilisieren
Seite 109

BBQ
Sauce

ergibt etwa 375 ml

1 Zwiebel
2 Knoblauchzehen
1 EL Olivenöl
2 Tomaten
½ rote Chilischote
1 TL Koriandersamen
50 g brauner Zucker
50 ml Sojasoße
300 ml Ketchup
Salz
Pfeffer

Zwiebel und Knoblauch schälen und fein hacken. In einem Topf mit Olivenöl glasig dünsten. Die Tomaten in Stücke schneiden, dabei den Strunk entfernen und ebenfalls in den Topf geben. Die Chilischote längs aufschneiden, die Samen entfernen und fein hacken. Die Koriandersamen in einer Pfanne ohne Fett rösten, bis sie duften, und in einem Mörser zerstoßen. Mit Zucker, Sojasoße und Ketchup zu den anderen Zutaten geben.

Einige Minuten köcheln lassen. Alles in einen Standmixer füllen und fein pürieren. Zurück in den Topf gießen und erneut kurz aufkochen lassen. Noch heiß in sterilisierte Gläser füllen und auf den Kopf stellen.

Im Kühlschrank aufbewahrt hält sich die Sauce mindestens ein paar Wochen.

Gläser
sterilisieren
Seite 109

Danke

Gläser
sterilisieren
Seite 109

BASILIKUM-KNOBLAUCH-Öl

ergibt 500 ml

2 Knoblauchzehen
30 g Basilikumblätter
500 ml Olivenöl

Knoblauch schälen und zusammen mit dem Basilikum und dem Öl in einen Topf füllen. Auf niedriger Hitze bei maximal 80 °C etwa 45 Minuten erwärmen. Abkühlen lassen, gegebenenfalls durch ein Geschirrtuch abseihen und in sterilisierte Flaschen füllen.

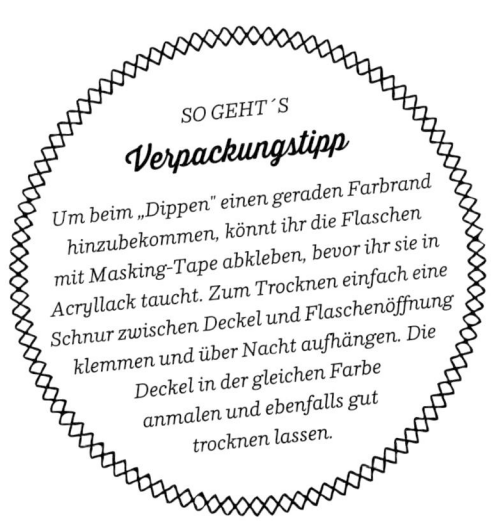

SO GEHT´S

Verpackungstipp

Um beim „Dippen" einen geraden Farbrand hinzubekommen, könnt ihr die Flaschen mit Masking-Tape abkleben, bevor ihr sie in Acryllack taucht. Zum Trocknen einfach eine Schnur zwischen Deckel und Flaschenöffnung klemmen und über Nacht aufhängen. Die Deckel in der gleichen Farbe anmalen und ebenfalls gut trocknen lassen.

Gewürz MISCHUNG

ergibt etwa 30 g

1–2 getrocknete Chilischoten
3 EL getrockneter Oregano
3 EL getrocknetes Basilikum
3 EL getrocknete Petersilie
2 EL grobes Meersalz
1 EL frisch gemahlener Pfeffer
1 EL Paprikapulver
2 EL Knoblauchpulver

Chili klein schneiden. Mit allen anderen Zutaten in einer Schüssel gründlich vermengen. Die Gewürzmischung kann während des Garens über Fisch oder Fleisch gestreut werden. Außerdem kann damit im Handumdrehen eine leckere Marinade für Grillgut hergestellt werden. Dafür die Gewürzmischung mit Olivenöl verschlagen und das Fleisch, z. B. ein Hähnchen, damit einreiben.

93

Oliven-Rosmarin BROT

ergibt 3 kleine Brote

---

400 g Mehl
1 EL Trockenhefe
1 TL Zucker
1 TL Salz
250 ml lauwarmes Wasser
2 ½ EL Olivenöl
125 g schwarze Oliven ohne Stein
2 Stängel Rosmarin

In einer Schüssel Mehl mit Trockenhefe, Zucker und Salz mischen. Wasser mit zwei Esslöffeln Olivenöl vermengen und zu den trockenen Zutaten gießen. Mit den Knethaken des Handrührgerätes zu einem glatten Teig verarbeiten. Mit Frischhaltefolie abdecken und an einem warmen Ort 1½ Stunden gehen lassen, bis sich der Teig deutlich vergrößert hat.

Oliven grob hacken. Die Rosmarinnadeln vom Stiel zupfen und fein hacken. Beides mit den Händen unter den Teig mischen. Auf einer bemehlten Arbeitsfläche drei kleine Kugeln formen. Blechdosen mit dem restlichen Öl auspinseln und Teiglinge hineingeben. An einem warmen Ort 15 Minuten abgedeckt ruhen lassen. Währenddessen den Backofen auf 180 °C vorheizen. Die Brote 45 Minuten backen.

SO GEHT´S
Tipp

Bei der Auswahl der Blechdosen unbedingt darauf achten, dass diese von innen nicht mit Kunststoff beschichtet sind.

aus der
KÜCHE
von: lisa

KÄSESTANGEN
mit Sesam und Bier

ergibt etwa 20 Stück

---

40 g Gouda
375 g Mehl
1 EL Trockenhefe
1 TL Salz
1 TL Honig
1 EL Sesam
150 ml Bier
35 g zimmerwarme Butter

3 EL Olivenöl

Gouda reiben. Mehl mit Hefe und Salz mischen. Honig, geriebenen Käse und Sesam unterheben. Das Bier zugießen, die Butter zufügen und alles mit den Knethaken des Handrührgerätes zu einem Teig vermengen. Mit den Händen zu einer Kugel formen und an einem warmen Ort abgedeckt 1 ½ Stunden ruhen lassen.

Den Backofen auf 180 °C vorheizen. Teig halbieren, kurz durchkneten und auf einer bemehlten Arbeitsfläche zu einem Rechteck ausrollen (etwa 0,3 cm dick). Mit einem scharfen Messer 1 ½ cm breite Streifen schneiden und diese zu Stangen rollen. Auf ein mit Backpapier belegtes Blech legen und mit Olivenöl bepinseln. Mit der anderen Teighälfte genauso verfahren. Im Ofen 12 – 15 Minuten backen.

SO GEHT´S
Verpackungstipp

Leere Chipsdosen eignen sich hervorragend als Verpackungen für selbst gemachte Grissini. Dafür hübsches Geschenkpapier auf Maß schneiden und um die Dose kleben. Mit Masking Tape zusätzlich fixieren und verschönern.

*Bärlauch*butter

ergibt 250 g

---

250 g ZIMMERWARME BUTTER

3-4 BÄRLAUCHBLÄTTER

½ TL SALZ

WASCHEN, TROCKEN TUPFEN UND HACKEN.

ALLE ZUTATEN VERMENGEN.

BÄRLAUCHBUTTER IN EINE AUSSTECHFORM STREICHEN.

KALT STELLEN, BIS DIE BUTTER FEST IST. ANSCHLIESSEND DIE FORM MIT DER HAND LEICHT ANWÄRMEN UND DIE BUTTER AUS DER FORM DRÜCKEN.

Kopiervorlage
Etikett
Seite 108

Bacon-
Parmesan
Popcorn

Den Bacon in einer Pfanne ohne Fett knusprig braten. Währenddessen die Butter kurz in der Mikrowelle oder in einem Topf zerlassen. Anschließend den Bacon in kleine Stücke brechen.

Den Parmesan fein reiben. Anschließend das Öl in einem schweren Topf langsam erhitzen. Wenn das Öl sehr heiß ist, den Mais zugeben und sofort den Deckel auflegen. Den Topf alle 20–30 Sekunden rütteln. Wenn das Knallen nachlässt, ist das Popcorn fertig. Den Topf vom Herd nehmen, das Popcorn in eine Schüssel geben. Sofort die flüssige Butter darübergießen und den Parmesan unterheben, solange der Mais noch heiß ist. Den Bacon und das Salz untermischen, luftdicht verschließen und möglichst frisch verschenken.

ergibt ein Glas von 1 ½ l

5 Scheiben Bacon
20 g Butter
50 g Parmesan
2 EL Rapsöl
½ TL Salz
60 g Puffmais

DO IT YOURSELF

Jetzt können wir es ja sagen: Wir legen Wert auf „Etikette".
Denn ohne ist ein Geschenk nur halb so schön. Die nötigen Kopier-
vorlagen findet ihr auf den folgenden Seiten. Welche Farbe ihr für
Anhänger und Aufkleber wählt, ist dabei ganz euch überlassen.

Ansonsten gilt: Durchstöbert eure Schränke und Schubladen
nach gemusterten Papieren und vergilbten Postkarten, nach
leeren Schachteln, Gläsern und alten Dosen und lasst
euch inspirieren.

Die Etiketten auf ein festes Papier oder auf Pappe kopieren und ausschneiden. Um ein Band durchziehen zu können, am oberen Rand lochen.

  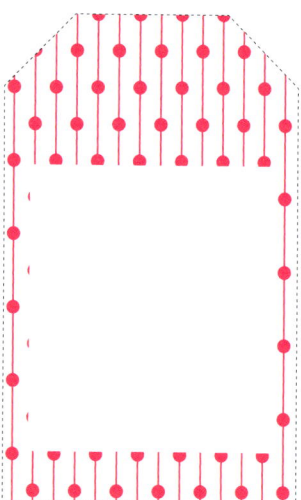

Marsch
VERPFLEGUNG

REISE
Proviant

Kleinigkeit

Für Dich!

Sorry!

FÜR
NOTFÄLLE

von
Freunden
für FREUNDE

home
made

BETT
HUPFERL

Gruß aus der
KÜCHE
von:

100 %
SELBST GEMACHT

*Bacon-
Parmesan-
Popcorn*
Seite 100

*Limonen-
Himbeer-
Sauce*
Seite 64

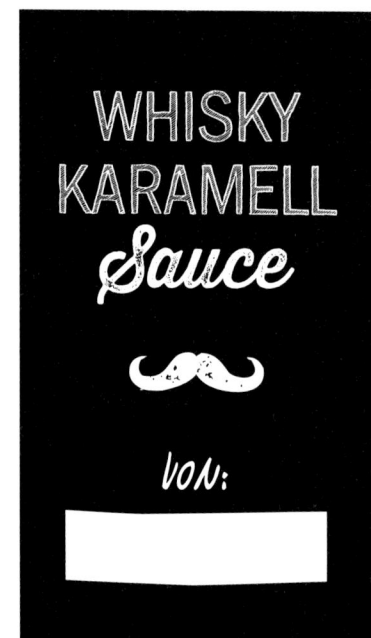

*Whisky-
Karamell-
Sauce*
Seite 68

GLÄSER STERILISIEREN

Die einfachste Methode, um Gläser und Flaschen zu sterilisieren, ist das Spülen in der Spülmaschine auf höchster Temperatur. Vor der Verwendung sollten die Gläser, Deckel und ggf. die Dichtungsringe und Trichter zusätzlich mit kochendem Wasser aus- bzw. abgespült werden.

Alternativ kann man die Gläser sowie die Verschlüsse auch für 20 Minuten bei 160 °C in den vorgeheizten Backofen stellen. Vorsichtig entnehmen!

Warme Speisen können sofort in die heißen Gläser gefüllt werden. Zum Abfüllen kalter Getränke oder Öle die Behälter zuerst abkühlen lassen. Durch den Temperaturunterschied können diese sonst platzen!

101	Bacon-Parmesan-Popcorn
98	Bärlauchbutter
91	Basilikum-Knoblauch-Öl
89	BBQ-Sauce
26	Blaubeer-Haferflocken-Muffins
36	Blaubeertartes
60	Cranberry-Duo-Schokolade
54	Dunkle Schoko-Crossies
81	Eingelegter Ziegenkäse
70	Erdbeer-Zitronen-Bowle
48	Espresso-Mandeln
63	Fruchtige Müsliriegel
39	Geflochtene Hefekränze
92	Gewürzmischung
19	Glückskekse
11	Granatapfel-Himbeer-Thymian-Marmelade
29	Himbeer-Brownies
46	Kalte-Schnauze-Happen
97	Käsestangen mit Sesam und Bier
65	Limonen-Himbeer-Sauce
22	Makrönchen
12	Mandel-Kokos-Butter
30	Mandeltarte
25	Marmeladenstangen
34	Marzipan-Aprikosen-Küchlein
40	Mini-Möhren-Gugelhupf
94	Oliven-Rosmarin-Brot
79	Pink Pesto
60	Pistazien-Duo-Schokolade
45	Pistazien-Marzipan-Kugeln
75	Scharfe Maissuppe
76	Rucola-Pesto
59	Schoko-Löffel
14	Schoko-Mandel-Creme
56	Schoko-Rum-Karamellbonbons
20	Spitzen-Kekse
86	Süßkartoffel-Hummus
42	Trüffelpralinen
51	Weiße Schoko-Crossies
69	Whisky-Karamell-Sauce
84	Zwiebel-Chutney

DIE AUTOREN

Lisa Nieschlag und Lars Wentrup sind Diplom-Designer und arbeiten seit 2001 gemeinsam in ihrer Agentur im Herzen von Münster. Privat verbringt Lisa ihre Zeit am liebsten in der Küche beim Kochen und Backen, Stylen und Fotografieren. Lars ist nicht nur Designer und Illustrator, sondern auch selbst ernannter Feinschmecker und Test-esser. Ein perfektes Team also!

Julia Cawley hat es der großen Liebe wegen nach Brooklyn verschla-gen, wo sie als freie Fotografin ihr Talent beweist. Für Familienbesuche und nicht zuletzt, um Lisa und Lars bei ihren kreativen Projekten zu un-terstützen, kehrt die Münsteranerin gerne in ihre alte Heimat zurück.

Gemeinsam betreiben Julia und Lisa einen den Großen Teich überwindenden Food-Blog:
www.lizandjewels.com

Impressum

5 4 3 2   18 17 16 15 14
ISBN 978-3-88117-921-8
© 2014 Hölker Verlag im Coppenrath Verlag GmbH & Co. KG,
Hafenweg 30, 48155 Münster, Germany
Alle Rechte vorbehalten, auch auszugsweise

www.hoelker-verlag.de

KONZEPT, GESTALTUNG UND SATZ:
Nieschlag + Wentrup, Büro für Gestaltung
www.nieschlag-und-wentrup.de

FOTOS:
Julia Cawley: Seite 4, 8, 12, 13, 22, 28, 32, 33, 35, 37, 38, 40, 41, 47, 55, 57, 61, 71,
72, 76, 78, 79, 80, 82, 83, 87, 88, 90, 92, 95, 96, 99, 110 (www.juliacawley.com)
Lisa Nieschlag: Seite 2, 10, 14, 16, 17, 18, 20, 21, 24, 25, 27, 29, 30, 43, 44, 45, 48,
49, 50, 52, 53, 58, 59, 62, 64, 66, 68, 69, 74, 84, 85, 100, 101, Titel
Anna Haas: Seite 6 und 7 (www.anna-haas.de)

ILLUSTRATIONEN:
Lars Wentrup

REDAKTION:
Lisa Frischemeier

DANKE

An Julia, für die großartige Zusammenarbeit selbst über zwei Kontinente
hinweg! Das macht Appetit auf mehr: www.lizandjewels.com

An Wolfgang Hölker und das Verlags-Team für den großen Vertrauens-
vorschuss in unser Können.

An Katrin Heinatz für einige inspirierende Ideen zu Verpackungen & Styling
(www.katrinheinatz.de). An „Die Schönhaberei" für die Zusendung von tollen
Verpackungen, Tüten und Bändern (www.schoenhaberei.de) und an „Vivani"
für Schokolade in hell und dunkel (www.vivani-schokolade.de).

Besonderer Dank an Michael für seine Geduld und das Ertragen, dass nicht
alles, was im Kühlschrank steht, gegessen werden darf. Friederike danken
wir für ihre wunderschönen Titel-Hände. Karen für die stets passenden Texte.
Anna für die wunderbaren Portrait-Fotos und Anne fürs Rezepttesten und
für ihre Fotoshooting-Assistenz.